L'autobus mag

a réponse à tout
Un livre de questions et réponses

Les éditions Scholastic

D'après un épisode de la série télévisée animée
produite par Scholastic Productions Inc.,
inspirée des livres *L'autobus magique*
écrits par Joanna Cole et illustrés par Bruce Degen.

Adaptation pour la télévision de Anne Schreiber
Texte français de Lucie Duchesne, avec la collaboration de Yves d'Avignon

Données de catalogage avant publication (Canada)

Cole, Joanna
    L'autobus magique a réponse à tout : un livre de questions
    et réponses

Traduction de : The magic school bus answers questions.
ISBN 0-439-98551-X

1. Sciences – Miscellanees – Ouvrages pour la jeunesse. 2. Questions
et réponses d'enfants. I. Degen, Bruce. II. Duchesne, Lucie. III. Titre.

Q163.C6414 2000   j500   C00-931471-7

Édition publiée par Les éditions Scholastic, 175 Hillmount Road,
Markham (Ontario) L6C 1Z7

4 3 2 1   Imprimé au Canada   00 01 02 03 04

QUESTION-COLLE

Mais comment peut-on se retrouver dans une toile d'araignée?

En faisant une excursion en autobus magique! Viens avec nous, n'aie pas peur de te tromper et POSE DES QUESTIONS!

Il n'y a pas de mauvaises questions.

Sauf dans ce livre!

Comment les animaux à sang froid demeurent-ils au chaud?

Les animaux à sang froid doivent aller vers des endroits chauds pour se réchauffer, et vers le froid pour se refroidir. Tous les reptiles sont à sang froid. Les serpents, les tortues et les lézards sont des reptiles. Les grenouilles sont également à sang froid, bien qu'elles soient des amphibiens. Les insectes et les poissons sont aussi des animaux à sang froid.

Connais-tu des animaux à sang chaud?

(Va à la page 28 pour les réponses.)

Les humains et les lézards se refroidissent-ils de la même façon?

Non. Les humains frissonnent pour se réchauffer et transpirent pour se refroidir. Mais les lézards n'ont pas ces facultés : ils doivent se déplacer d'un endroit à un autre pour demeurer à l'aise.

QUESTIONS SONORES

Est-ce que les sons vibrent?

Sans vibrations ni mouvements, les sons n'existeraient pas. En visitant le musée des sons, les élèves de Mme Friselis ont appris que le son voyage comme une onde impossible de capter avec les yeux. Pourtant, les oreilles peuvent l'entendre. Les vibrations les plus rapides procurent des sons aigus. Les plus lentes font résonner des sons graves.

Qu'est-ce que l'écho... écho... écho?

Lorsqu'un son rebondit sur quelque chose comme un mur ou une montagne, cela cause un écho. Quand les ondes sonores atteignent la surface, elles rebondissent et on réentend le son. Dans un tunnel, le son peut rebondir plusieurs fois et nous entendons le son encore et encore, encore, core... ore...

Qu'arrive-t-il lorsqu'une onde sonore ne frappe aucun objet et ne rebondit pas?
(Va à la page 28 pour la réponse.)

Ne me force pas à te retirer au bâton.

Qu'est-ce qu'une force?

Une force peut s'exercer comme une poussée ou une traction. Les forces sont partout. En voici quelques exemples : se balancer au parc, exécuter un tir avec un bâton de hockey, frapper un ballon de volley-ball, tirer une voiturette au sommet d'une côte, descendre à toute vitesse une route à vélo et, évidemment, frapper une balle de baseball. Mais ce n'est pas tout.

Qu'est-ce que la friction? En as-tu besoin?

La friction est une force qui ralentit les objets ou les empêche de bouger. La friction ne se voit pas, mais on peut la ressentir. Si tu glisses en traîneau sur une pente et qu'il n'y a plus de neige à un endroit, tu vas ralentir. Les freins de la bicyclette agissent comme un étau et ralentissent la roue. Il y a de la friction partout. Sans elle, on ne pourrait pas arrêter un objet en mouvement, comme un traîneau, ou même les pieds d'un coureur en action!

Y a-t-il des endroits où il n'y a presque aucune friction?

(Va à la page 28 pour la réponse.)

9

QUESTIONS COURANTES

Pourquoi les saumons ne suivent-ils pas le courant?

Les saumons nagent à contre-courant. Ils commencent leur voyage à partir de l'océan pour rejoindre l'eau douce d'une rivière. Mais où vont-ils? Là où ils sont nés. Que vont-ils y faire? Pondre leurs œufs.

Où iront les saumons nouveau-nés après leur éclosion?
(Va à la page 28 pour la réponse.)

Comment les saumons retrouvent-ils leur chemin?

Les saumons se souviennent du lieu de leur naissance. Malgré la distance, ils peuvent flairer quelque chose qui les ramène à leur enfance. Ils nagent dans la direction de cette odeur. Plus ils s'approchent de leur lieu d'origine, plus cette odeur se fait persistante. Ah! ça sent si bon, chez soi! C'est plein de... bon sens!

QUESTIONS BRÛLANTES

Comment font les animaux pour survivre dans le désert?

Ce n'est pas facile de vivre dans le désert, mais c'est un des domiciles de plusieurs animaux, dont les lézards, les tortues, les lièvres, les hiboux, les scorpions et même les renards. Comment font-ils pour survivre avec si peu d'eau et si peu d'abris, alors qu'il fait très très chaud le jour, et très très froid la nuit? C'est une question d'adaptation.

L'adaptation, cette faculté peu ordinaire, permet à tous ces animaux de régler la température de leur corps à leur gré.

Certains animaux du désert ont le corps épineux ou rigide, ce qui les protège des prédateurs. Aussi, ils restent à l'abri lorsqu'il fait très chaud et s'adaptent pour conserver la fraîcheur et l'humidité.

Des animaux... chaleureux!

La tortue du désert est très bien adaptée à son habitat torride. Elle se cache dans le sable et dort tout l'été.

Le rat-kangourou en est un autre qui s'est merveilleusement adapté. Il peut passer toute sa vie sans jamais boire d'eau. Il tire toute l'eau nécessaire de sa nourriture.

Connais-tu une plante du désert qui a développé une adaptation spéciale?

(Va à la page 28 pour la réponse.)

QUESTIONS DE DOMICILE

Quels animaux vivent dans cet habitat?

L'habitat est le petit monde d'un animal. C'est là qu'il trouve sa nourriture, et aussi un abri contre les prédateurs.

L'ancêtre de cette libellule a vécu à l'ère des dinosaures. À cette époque, une variété de libellules avait des ailes dont l'envergure était de la taille d'un petit camion.

La grenouille a besoin d'insectes pour manger, d'eau pour boire et d'un endroit pour pondre ses œufs. Sa langue collante lui permet de capturer des insectes.

Ces castors sont d'étonnants bricoleurs. En construisant un barrage, ils transforment une rivière rapide en un étang. Leur abri est très confortable, mais si tu cherches la porte d'entrée, tu devras aller sous l'eau!

14

Le grand héron bleu établit son refuge au sommet des arbres. Il se sert de son long bec pour chasser des poissons, des insectes, des souris et même des grenouilles. Les hérons peuvent mesurer plus de 1 m – à peu près la grandeur d'un élève de première année!

Prends garde, Catherine!

Arrête!

QUESTIONS SUCRÉES

Pourquoi les abeilles ont-elles besoin des fleurs?

Les abeilles sont attirées par tout ce qui est sucré. Et c'est le nectar qui les attire vers les fleurs.

Pourquoi les fleurs ont-elles besoin des abeilles?

Lorsqu'une abeille récolte le nectar de la fleur, le pollen lui colle au corps. Ainsi, en butinant, les abeilles transportent du pollen à la fleur suivante, qui produira de nouvelles graines. Plus il y a de pollen, plus il y aura de graines. Et plus il y a de graines, plus il y aura de fleurs.

Comment font les fleurs pour attirer les abeilles?

(Va à la page 29 pour la réponse.)

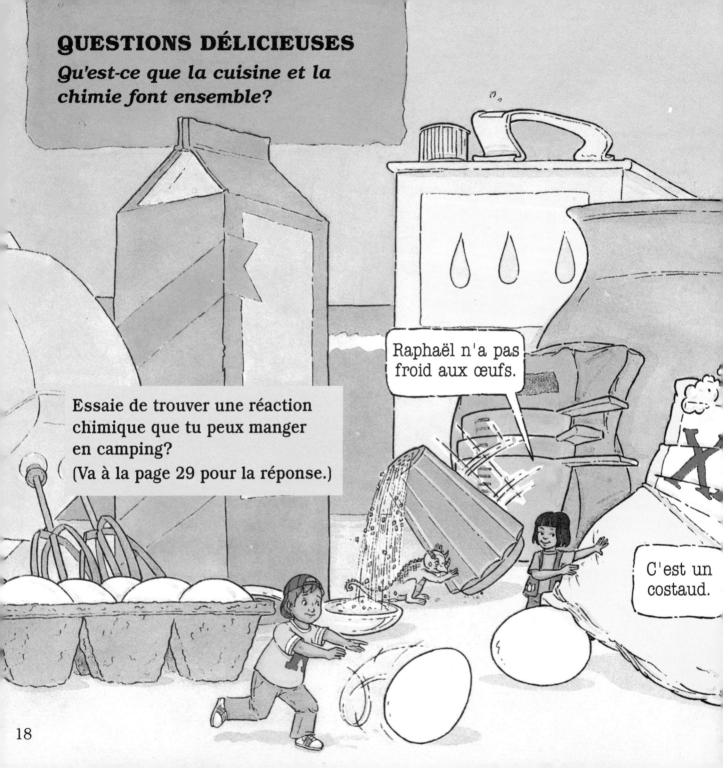

QUESTIONS DÉLICIEUSES

Qu'est-ce que la cuisine et la chimie font ensemble?

Essaie de trouver une réaction chimique que tu peux manger en camping?

(Va à la page 29 pour la réponse.)

Raphaël n'a pas froid aux œufs.

C'est un costaud.

La chimie consiste à mélanger des éléments pour obtenir quelque chose de nouveau. Les élèves de Mme Friselis ont appris que les ingrédients contenus dans un gâteau sont faits de plusieurs petits éléments. Lorsqu'on mélange les ingrédients, les petites parties de chacun font équipe avec les autres et créent quelque chose de nouveau. Ajoute de la chaleur à une tranche de pain et tu auras une rôtie. Ajoute de l'air à de la crème, et tu auras du beurre. Est-ce de la cuisine ou de la chimie? Les deux!

La chimie a bon goût!

À quoi ressemblent le sel et le sucre, vus de près?

Le sucre et le sel sont de véritables joyaux... au microscope évidemment! Le sucre est fait de cristaux qui ressemblent à des losanges. Le sel a plutôt une forme de tour rectangulaire, qui fait penser à un minuscule « gratte-sel ».

19

QUESTIONS EN CHAÎNE
Est-ce que les plantes sont importantes?

Je préfère être au sommet de la chaîne alimentaire.

Il ne faut pas négliger les plantes, car si elles n'existaient pas, il n'y aurait pas d'humains. Le phytoplancton, une minuscule plante qui vit dans la mer, est mangé par le zooplancton, à son tour absorbé par un poisson, et ensuite par un plus gros... puis par... toi (ou par un ours, s'il arrive le premier!). C'est la chaîne alimentaire, et les végétaux en sont toujours à la base. Qui est au sommet? Toi!

Peux-tu penser à une chaîne alimentaire commençant sur terre et dont tu fais partie?
(Va à la page 29 pour la réponse.)

Que mangent les plantes?

Les plantes ne s'alimentent pas de la même façon que les animaux mais, comme eux, elles ont besoin d'énergie pour survivre. Et elles obtiennent cette énergie directement du soleil. Quelle idée brillante!

QUESTIONS VOLANTES
Comment cet avion réussit-il à rester dans les airs?

C'est bon de prendre l'air!

J'ai l'impression de voler!

Monte à bord de l'avion magique avec l'intrépide Catherine aux commandes. L'air qui frappe de plein fouet les ailes soulève l'appareil. Si cette force ralentit ou s'arrête, l'avion descendra en chute libre. Cet air en mouvement maintient l'avion dans le ciel. On appelle cette force la poussée. Sans cette force, pas de poussée. Sans poussée... on retombe!

Si les hélices sont si importantes, pourquoi les oiseaux n'en ont-ils pas?

L'hélice d'un avion lui permet d'avancer; elle déplace l'air au-dessus et au-dessous de ses ailes. C'est pourquoi l'avion reste dans les airs. Les oiseaux doivent aussi faire avancer leur corps dans les airs. Mais ils ont des hélices intégrées : les ailes! Pour avancer, ils utilisent les plumes spéciales de leurs ailes, ou agitent leurs ailes de haut en bas pendant qu'ils volent.

Cet avion avance à tire-d'aile.

Qu'est-ce que la queue d'un oiseau et celle d'un avion ont en commun? (Va à la page 29 pour la réponse.)

QUESTIONS DE SANTÉ

Comment est fait mon sang et à quoi sert-il?

Mme Friselis et ses élèves ont vraiment connu Raphaël de l'intérieur. Pendant leur voyage dans le système sanguin de Raphaël, ils ont remarqué que le sang était composé d'un liquide clair dans lequel flottaient des objets rouges et blancs : les globules rouges et les globules blancs. Les globules rouges transportaient l'oxygène partout dans le corps, tandis que les globules blancs cherchaient et détruisaient les bactéries qui avaient rendu Raphaël malade.

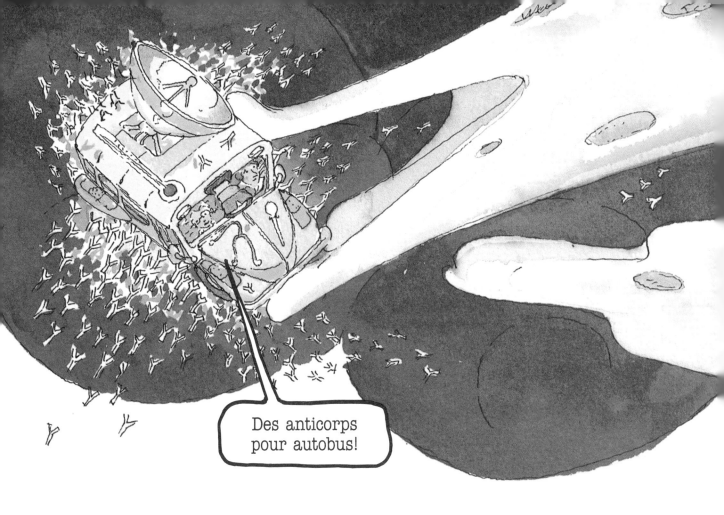

Des anticorps pour autobus!

Comment mon corps se protège-t-il?

Ton corps travaille sans relâche pour que tu restes en santé. Ta peau te protège contre les bactéries. Et si celles-ci pénètrent dans ton corps, attention!... les globules blancs envoient alors une armée d'anticorps. Ils visent l'ennemi et boum! La bataille commence!

Que peux-tu faire pour garder ton corps en santé?
(Va à la page 29 pour la réponse.)

QUESTIONS-PAPILLONS

De quelle façon les papillons se protègent-ils?

Les papillons sont bien malins. La plupart des papillons et des mites ont des couleurs ternes qui se confondent avec leur habitat. Les papillons ressemblent parfois à de la mauvaise herbe, à des feuilles et même à de l'écorce. Peux-tu trouver le papillon dans l'illustration?

Mais quel est donc ce monstre?

Ce n'est pas un monstre. C'est un papillon très coloré qui veut
décourager les prédateurs. Certains papillons ont des couleurs vives ou
des marques qui ressemblent à de gros yeux. Cela leur donne un air
féroce et éloigne les oiseaux qui voudraient les dévorer.

APRÈS LES QUESTIONS...
LES RÉPONSES!

Page 4

Connais-tu des animaux à sang chaud?

Le chien, l'humain, le hibou, l'hippopotame : en somme, tous les mammifères et les oiseaux.

Page 7

Qu'arrive-t-il lorsqu'une onde sonore ne frappe aucun objet et ne rebondit pas?

Elle va continuer à résonner et deviendra de plus en plus faible en se combinant avec d'autres ondes sonores.

Page 9

Y a-t-il des endroits où il n'y a presque aucune friction?

Sur la glace, en traîneau, sur toutes les surfaces glissantes.

Page 10

Où vont les saumons nouveau-nés après leur éclosion?

Ils vont vers l'océan et, plus tard, ils retourneront vers la rivière où ils sont nés.

Page 13

Connais-tu une plante du désert qui a développé une adaptation spéciale?

Il y en a plusieurs : les plantes épineuses, comme les cactus, ou celles qui possèdent des feuilles épaisses à l'apparence du cuir, comme le yucca ou l'aloès.

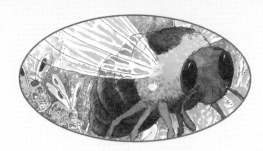

L'HEURE DU TEST A SONNÉ!

Pages 4-5 : *Lequel de ces animaux est à sang froid?*

1. Le dauphin.

2. Le serpent.

3. L'homme.

Pages 6-7 : *Vrai ou faux ?*

Les sons graves sont produits par des vibrations qui voyagent au ras du sol.

Pages 8-9 : *Quel matériau oppose le moins de friction?*

1. Un tapis.

2. Le sable.

3. La glace.

Pages 10-11 : *Pourquoi le saumon remonte-t-il le courant?*

1. Pour faire de l'exercice.

2. Pour pondre ses œufs.

3. Pour se cacher des pêcheurs.

Pages 12-13 : *Vrai ou faux?*

Plusieurs animaux du désert chassent le jour quand il fait très chaud, pour mieux dormir pendant les nuits froides.

Pages 14-15 : *Vrai ou faux?*

Les castors construisent un habitat en transformant une rivière rapide en un étang calme.

Pages 16-17 : *Les abeilles recherchent quelle partie de la fleur?*

1. Le nectar.
2. Les pétales.
3. Les graines.

Pages 18-19 : *Qu'est-ce qui n'est pas une réaction chimique?*

1. Faire rôtir une tranche de pain.
2. Mélanger de la farine, du beurre et des œufs pour faire un gâteau.
3. Mélanger des céréales avec des raisins.

Pages 20-21 : *Comment les plantes obtiennent-elles leur énergie?*

1. Elles mangent des plantes plus petites.
2. Elles mangent de petits insectes.
3. Elles captent la lumière du soleil.

Pages 22-23 : *Qu'arriverait-il à un avion si tout mouvement d'air cessait autour de ses ailes?*

1. Il tomberait en chute libre.
2. Il tournerait à gauche.
3. Il poursuivrait sa route.

Pages 24-25 : *Vrai ou faux?*

En ce moment même, il y a des particules qui flottent dans ton sang.

Pages 26-27 : *Vrai ou faux?*

Certains papillons se protègent de l'ennemi grâce à des taches ressemblant à de gros yeux sur leurs ailes.

(Va à la page 32 pour les réponses.)

ET VOICI LES RÉPONSES!

Pages 4-5 :
2. Le serpent.

Pages 6-7 :
Faux.

Pages 8-9 :
3. La glace.

Pages 10-11 :
2. Pour pondre ses œufs.

Pages 12-13 :
Faux.

Pages 14-15 :
Vrai.

Pages 16-17 :
1. Le nectar.

Pages 18-19 :
3. Mélanger des céréales avec des raisins.

Pages 20-21 :
3. Elles captent la lumière du Soleil.

Pages 22-23 :
1. Il tomberait en chute libre.

Pages 24-25 :
Vrai.

Pages 26-27 :
Vrai.

Comme je le dis toujours, toutes les questions sont bonnes!